Basic Greetings And Introductions...............
Common Objects..
Basic Questions...
Actions & Verbs... 13
Numbers.. 17
Body And Anatomy.. 21
Adjectives... 25
Navigating... 29
Asking For Help And Directions... 33
Making Reservations And Bookings..................................... 37
Transportation And Travel... 41
Accommodation And Lodging.. 45
Food And Drink... 50
Shopping And Bargaining.. 55
Money And Currency Exchange... 59
Emergency Situations... 63
Health And Medical Issues.. 67
Weather And Climate.. 71
Time And Dates... 75
Phone Calls And Communication... 79
Time And Dates 2.. 83
Technology And Internet... 93
Local Attractions And Tourist Sites..................................... 97
Sports And Leisure Activities.. 100
Nightlife And Entertainment.. 104
Education And Learning.. 108
Holidays And Celebrations.. 112
Environment And Nature... 116
History And Culture... 120
Home Life.. 124
Driving... 131
Clothing... 135

Basic Greetings And Introductions

Hi?
Zdravo?

Hello, how are you?
Zdravo, kako si?

Hi, nice to meet you.
Zdravo, drago mi je.

Good morning,.
Zdravo,.

Good afternoon,.
Zdravo,.

Good evening,.
Dobro veče,.

Good night,.
Laku noć,.

Good morning, how's it going?
Zdravo, kako si?

Good afternoon, how can I help you?
Zdravo, kako vam mogu pomoći?

Good evening, how was your day?
Dobro veče, kakav vam je bio dan?

How do you do?
Kako si?

Nice to see you again.
Drago mi je da te ponovo vidim.

How have you been?
Kako si?

What's up?
Šta je novo?

Pleased to meet you.
Drago mi je.

How's everything?
Kako si?

How's your day been?
Kakav je bio tvoj dan?

Long time no see.
Dugo vremena bez viđenja.

Welcome to ....
Dobrodošli u ....

May I introduce myself?
Mogu li se predstaviti?

What brings you here?
Šta vas dovodi ovamo?

How's the weather?
Kakvo je vrijeme?

Excuse me, do you have a moment?
Izvinite, imate li trenutak?

Goodbye, have a nice day!.
Zbogom, ugodan dan!.

See you later!.
Vidimo se kasnije!.

Take care!.
Čuvajte se!.

Bye for now.
Zbogom za sada.

All the best!.
Sve najbolje!.

Have a safe journey!.
Sretan put!.

Cheers!.
Zdravlje!.

How are things with you?
Kako ste kod kuće?

What do you do for a living?
Čime se bavite?

How was your weekend?
Kakav je bio tvoj vikend?

Do you come here often?
Dolazite li često ovdje?

What do you think of...?
Šta mislite o...?

Can I get you something to drink?
Mogu li vam donijeti nešto za piće?

I'm sorry, I didn't catch your name.
Žao mi je, nisam čuo vaše ime.

Where are you from?
Odakle si?

How long are you staying?
Koliko dugo ostajete?

What's your favourite ...?
Šta vam je omiljeno...?

What are your plans for today?
Koji su vaši planovi za danas?

What do you like to do in your free time?
Šta voliš da radiš u slobodno vrijeme?

How old are you?
Koliko imaš godina?

Are you travelling alone or with someone?

Putujete li sami ili u pratnji?

Do you speak (language name)?
Da li govorite (naziv jezika)?

Do you need any help with …?
Trebate li pomoć oko…?

What time is it?
Koliko je sati?

Would you like to join me for …?
Hoćeš li mi se pridružiti za…?

Do you have any recommendations for …?
Imate li kakvu preporuku za…?

Have you been to … before?
Jeste li bili u … prije?

What do you think of …?
Šta mislite o…?

Can I help you with your luggage?
Mogu li vam pomoći oko prtljaga?

What's your impression of …?
Kakav je vaš utisak o…?

What's your favourite thing about …?
Šta vam je najdraže u vezi…?

Do you have any questions for me?
Imate li pitanja za mene?

Common Objects

Phone.
Telefon.

Keys.
Tasteri.

Wallet.
Novčanik.

Glasses.
Naočale.

Watch.
Gledajte.

Pen.
Pen.

Paper.
Papir.

Bag.
Torba.

Shoes.
Cipele.

Chair.
Stolica.

Table.
Tabela.

Computer.
Računar.

Book.
Knjiga.

Car.

Car.

Remote control.
Daljinski upravljač.

Clothes.
Odjeća.

Umbrella.
Kišobran.

Coffee mug.
Šolja za kafu.

Refrigerator.
Frižider.

Television.
Televizija.

Toothbrush.
Četkica za zube.

Towel.
Ručnik.

Bed.
Bed.

Lamp.
Lampa.

Plate.
Ploča.

Fork.
Fork.

Spoon.
kašika.

Knife.
Nož.

Bowl.
Bowl.

Refrigerator.
Frižider.

Microwave.
Mikrovalna pećnica.

Oven.
Pećnica.

Refrigerator.
Frižider.

Washing machine.
Mašina za pranje veša.

Dishwasher.
Mašina za pranje sudova.

Soap.
Sapun.

Shampoo.
Šampon.

Towel.
Ručnik.

Clock.
Sat.

Calendar.
Kalendar.

Sunglasses.
Sunčane naočale.

Hat.
Šešir.

Backpack.
Ruksak.

Sunscreen.
Krema za sunčanje.

Camera.
Kamera.

Mirror.
Ogledalo.

Wallet.
Novčanik.

Perfume.
Parfem.

Tissue.
Tkivo.

Trash can.
Kanta za smeće.

Basic Questions

What.
Šta.

Where.
Gdje.

When.
Kada.

Who.
Ko.

Why.
Zašto.

How.
Kako.

Can.
Can.

Do.
Uradite.

Is.
Is.

Are.
Are.

Will.
Will.

Would.
Would.

Should.
Trebalo bi.

Could.

Mogao.

Wouldn't.
Ne bih.

Shouldn't.
Ne bi trebalo.

Couldn't.
Ne bih mogao.

May.
. maj.

Might.
Moćda.

Must.
Mora.

Have.
Imati.

Has.
Has.

Did.
Jeste.

Does.
Does.

Am.
am.

Was.
Was.

Were.
Were.

Being.
Biće.

Been.
Been.

Will be.
Bit će.

Can be.
Može biti.

Could be.
Moglo bi biti.

Should be.
Trebalo bi.

May be.
Može biti.

Might be.
Možda.

Must be.
Mora biti.

Have been.
su bili.

Am I.
Jesam li.

Was I.
Bio sam.

Were I.
Bio sam.

Being I.
Biti ja.

Been I.
Bio sam.

Will I be.
Hoću li biti.

Can I be.
Mogu li biti.

Could I be.
Mogu li biti.

Should I be.
Trebam li biti.

May I be.
Mogu li biti.

Might I be.
Mogu li biti.

Must I be.
Moram li biti.

Have I been.
Da li sam bio.

Actions & Verbs

Go.
Idi.

Come.
Dođi.

Walk.
Šetnja.

Run.
Trči.

Jump.
Skok.

Eat.
Jedite.

Drink.
Pijte.

Sleep.
Spavanje.

Talk.
Razgovarajte.

Listen.
Slušajte.

Look.
Pogledaj.

See.
Vidi.

Watch.
Gledajte.

Read.

Pročitajte.

Write.
Pišite.

Sing.
Sing.

Dance.
Ples.

Smile.
Smile.

Laugh.
Smijte se.

Cry.
Plači.

Play.
Igraj.

Work.
Rad.

Study.
Studija.

Learn.
Naučite.

Teach.
Teach.

Create.
Kreirajte.

Build.
Build.

Open.
Otvori.

Close.
Zatvori.

Stop.
Stani.

Start.
Start.

Finish.
Završi.

Help.
Pomoć.

Hurt.
Hurt.

Love.
Ljubav.

Hate.
Mržnja.

Like.
like.

Dislike.
Ne sviđa mi se.

Understand.
Razumijem.

Confuse.
Confuse.

Remember.
Zapamti.

Forget.
Zaboravi.

Choose.
Odaberite.

Decide.
Odlučite se.

Meet.
Upoznajte.

Part.
Part.

Travel.
Putovanje.

Stay.
Ostani.

Explore.
Istražite.

Discover.
Otkrijte.

Numbers

One.
Jedan.

Two.
Dva.

Three.
Tri.

Four.
Četiri.

Five.
Pet.

Six.
Šest.

Seven.
Sedam.

Eight.
Osam.

Nine.
Devet.

Ten.
Deset.

Eleven.
Jedanaest.

Twelve.
Dvanaest.

Thirteen.
Trinaest.

Fourteen.

Četrnaest.

Fifteen.
Petnaest.

Sixteen.
Šesnaest.

Seventeen.
Sedamnaest.

Eighteen.
Osamnaest.

Nineteen.
Devetnaest.

Twenty.
Dvadeset.

Twenty-one.
Dvadeset jedan.

Twenty-two.
Dvadeset dva.

Twenty-three.
Dvadeset tri.

Twenty-four.
Dvadeset četiri.

Twenty-five.
Dvadeset pet.

Twenty-six.
Dvadeset šest.

Twenty-seven.
Dvadeset sedam.

Twenty-eight.
Dvadeset osam.

Twenty-nine.
Dvadeset devet.

Thirty.
Trideset.

Forty.
Četrdeset.

Fifty.
Pedeset.

Sixty.
Šezdeset.

Seventy.
Sedamdeset.

Eighty.
Osamdeset.

Ninety.
Devedeset.

One hundred.
Sto.

Thousand.
hiljada.

Million.
miliona.

Billion.
milijardi.

Trillion.
triliona.

Zero.
Zero.

Half.
Half.

Quarter.
Quarter.

Third.
Treće.

Fourth.
Četvrto.

Fifth.
Peto.

Double.
Double.

Triple.
Triple.

Multiple.
Višestruko.

Body And Anatomy

Head.
Glava.

Eyes.
Eyes.

Nose.
Nos.

Mouth.
Usta.

Ears.
Uši.

Face.
Lice.

Hair.
Kosa.

Neck.
Vrat.

Shoulders.
ramena.

Chest.
Škrinja.

Back.
Nazad.

Arms.
Arms.

Elbows.
Laktovi.

Hands.

Hands.

Fingers.
prstiju.

Thumbs.
Thumbs.

Legs.
nogu.

Knees.
koljena.

Feet.
stopa.

Toes.
prstiju.

Ankles.
Ankles.

Hips.
Kukovi.

Waist.
Struk.

Stomach.
Stomak.

Heart.
Srce.

Lungs.
Pluća.

Brain.
Mozak.

Skin.
Koža.

Bones.
Bones.

Muscles.
Mišići.

Joints.
Zglobovi.

Teeth.
zubi.

Lips.
Usne.

Tongue.
Jezik.

Cheeks.
Obrazi.

Chin.
Chin.

Forehead.
Čelo.

Eyebrows.
Obrve.

Eyelashes.
Trepavice.

Earslobes.
Ušne školjke.

Adam's apple.
Adamova jabuka.

Nails.
Nails.

Knuckles.
Knuckles.

Palm.
Palm.

Sole.
Sole.

Heel.
Heel.

Arch.
Arch.

Shin.
Shin.

Calf.
tele.

Thigh.
butina.

Adjectives

Big.
Veliki.

Small.
Mala.

Tall.
Visok.

Short.
Kratko.

Long.
Long.

Short.
Kratko.

Fast.
Brzo.

Slow.
Sporo.

High.
Visoko.

Low.
Nisko.

Bright.
Bright.

Dark.
Tamno.

Heavy.
Teška.

Light.

Light.

Hot.
Vruće.

Cold.
Hladno.

Warm.
Toplo.

Cool.
Cool.

Hard.
Teško.

Soft.
Soft.

Loud.
Glasno.

Quiet.
Tiho.

Happy.
Sretan.

Sad.
Sad.

Angry.
Ljut.

Calm.
Mirno.

Good.
Dobro.

Bad.
Loše.

Beautiful.
Beautiful.

Clean.
Očistite.

Dirty.
Prljavo.

Tasty.
Tasty.

Bland.
Bland.

Rich.
Rich.

Poor.
Jadno.

Healthy.
Zdravo.

Sick.
Sick.

Busy.
Zauzeto.

Free.
Besplatno.

Old.
Old.

Young.
Young.

New.
Novo.

Old.
Old.

Fresh.
Svježe.

Stale.
Stale.

Full.
Puno.

Empty.
Prazno.

Wet.
Wet.

Dry.
Osušiti.

Navigating

North.
Sjever.

South.
South.

East.
East.

West.
West.

Up.
Gore.

Down.
Dolje.

Left.
lijevo.

Right.
Tačno.

Forward.
Naprijed.

Backward.
Nazad.

Ahead.
naprijed.

Behind.
Iza.

Inside.
Unutra.

Outside.

Napolju.

Near.
Blizu.

Far.
Far.

Close.
Zatvori.

Distant.
Udaljeno.

Above.
Gore.

Below.
Ispod.

Over.
Gotovo.

Under.
Ispod.

On.
Uključeno.

Off.
Isključeno.

Into.
Into.

Out of.
Out of.

Towards.
Prema.

Away from.
Daleko od.

Around.
Okolo.

Through.
kroz.

Across.
Preko.

Along.
Uz.

Upstairs.
Gore.

Downstairs.
Dolje.

Entrance.
Ulaz.

Exit.
Izadi.

Intersection.
Raskrsnica.

Corner.
Corner.

Street.
Street.

Road.
Road.

Path.
Put.

Trail.
Trail.

Bridge.
Most.

Tunnel.
Tunel.

Highway.
Autoput.

Lane.
Lane.

Avenue.
Avenue.

Square.
Square.

Circle.
Krug.

Location.
Lokacija.

Asking For Help And Directions

Excuse me.
Oprostite.

Pardon me.
Oprostite.

I'm lost.
Izgubljen sam.

Can you help me.
Mozes li mi pomoci.

Could you tell me.
Možeš li mi reći.

Where is.
Zapad.

How do I get to.
Kako da dođem do.

Is it far.
Je li daleko.

Which way is.
Koji je put.

Can you point me in the right direction.
Možete li me uputiti u pravom smjeru.

Is there a map of the area.
Postoji li mapa područja.

Can you show me on the map.
Možete li mi pokazati na karti.

Do you know the way to.
Znate li put.

I'm trying to find.

Pokušavam pronaći.

I'm looking for.
Tražim.

Where can I find.
Gdje mogu naći.

Is there a public transport service.
Da li postoji javni prevoz.

How do I get to the nearest station.
Kako mogu doći do najbliže željezničke stanice.

Which bus/train do I need to catch.
Kojim autobusom/vozom da uzmem.

How long does it take to get there.
Koliko dugo treba da stignemo tamo.

Can I walk there.
Mogu li prošetati tamo.

Which road should I take.
Kojim putem da krenem.

Is it safe to walk there.
Da li je bezbedno hodati tamo.

Can I take a taxi there.
Mogu li uzeti taksi tamo.

Is there a taxi rank nearby.
Ima li u blizini taksi stanica.

How much does it cost to get there by taxi.
Koliko košta doći taksijem.

How far is it to.
Koliko je daleko.

Is there a shortcut to.
Postoji li prečica do.

What's the quickest way to get there.
Koji je najbrži način da stignete tamo.

What's the easiest way to get there.
Koji je najlakši način da stignete tamo.

How can I avoid traffic.
Kako mogu izbjeći saobraćaj.

Is there any construction work on the route.
Ima li građevinskih radova na stazi.

Where can I park my car.
Gdje mogu parkirati auto.

Is there a car park nearby.
Ima li parking u blizini.

Do I need a permit to park here.
Treba li mi dozvola za parkiranje ovdje.

What's the address of.
Koja je adresa.

What's the postcode of.
Koji je poštanski broj.

What's the phone number of.
Koji je broj telefona.

Can you call a doctor/taxi for me.
Možete li pozvati doktora/taksi za mene.

Can you give me a lift to.
Možete li me odvesti.

Can you pick me up from.
Možeš li me pokupiti.

I need to get to the airport/train station.
Moram na aerodrom/železničku stanicu.

What time does the last train/bus leave.
U koliko sati polazi zadnji voz/autobus.

What time does the first train/bus leave.
U koliko sati polazi prvi voz/autobus.

How often do the buses/trains run.
Koliko često saobraćaju autobusi/vozovi.

Is there a direct train/bus.
Da li postoji direktan voz/autobus.

Can I change trains/buses at the same station.
Mogu li promijeniti voz/autobus na istoj stanici?

Which platform does the train leave from.
Sa kojeg perona polazi voz?

What time does the train arrive.
U koliko sati stiže voz.

What time does the bus arrive.
U koliko sati stiže autobus.

Making Reservations And Bookings

Can I make a reservation?
Mogu li rezervirati?

Do you have any availability?
Imate li raspoloživost?

How much does it cost per night?
Koliko košta noćenje?

Can I cancel my reservation?
Mogu li otkazati svoju rezervaciju?

How do I get there?
Kako do tamo?

Is breakfast included?
Da li je doručak uključen?

Can I book a table?
Mogu li rezervisati sto?

What is the check-in time?
Koje je vrijeme prijave?

Is there parking available?
Da li je parking dostupan?

Can I pay by credit card?
Mogu li platiti kreditnom karticom?

What is the cancellation policy?
Koja je politika otkazivanja?

Can I request a specific room?
Mogu li zatražiti određenu sobu?

Are there any special offers available?
Postoje li dostupne posebne ponude?

Do I need to leave a deposit?

Moram li ostaviti depozit?

What is the check-out time?
Koje je vrijeme polaska?

Can I bring a pet?
Mogu li povesti kućnog ljubimca?

Is there a shuttle service?
Postoji li usluga prijevoza?

How far is it from the airport?
Koliko je udaljen aerodrom?

Can I request a wake-up call.
Mogu li zatražiti poziv za buđenje.

Double room.
Dvokrevetna soba.

Twin beds.
bračnih kreveta.

En-suite bathroom.
Susedno kupatilo.

Sea view.
Pogled na more

Non-smoking room.
Soba za nepušače.

Air conditioning.
Klima uređaj.

Ground floor.
Prizemlje.

Disabled access.
Pristup invalidima.

Quiet room.
Mirna soba.

Family room.
Porodična soba.

City centre location.
Lokacija u centru grada.

Four-star rating.
Ocjena sa četiri zvjezdice.

Country retreat.
Seosko povlačenje.

Rustic charm.
Rustikalni šarm.

Historic building.
Istorijska zgrada.

Modern amenities.
moderne opreme.

Boutique hotel.
Butik hotel.

Executive suite.
Executive Suite.

Luxurious decor.
Luksuzna dekoracija.

Stunning views.
zapanjujućih pogleda.

Reservation.
Rezervacija.

Availability.
Dostupnost.

Cost.
Troškovi.

Cancel.
Otkaži.

Directions.
pravaca.

Breakfast.
Doručak.

Table.
Tabela.

Check-in.
Registracija.

Parking.
Parking.

Credit card.
Kreditna kartica.

Cancellation.
Otkazivanje.

Room.
Bedroom.

Offers.
Ponude.

Deposit.
Depozit.

Check-out.
Polazak.

Pet.
Pet.

Shuttle.
Shuttle.

Airport.
Aerodrom.

Wake-up call.
Poziv za buđenje.

Room service.
Posluga u sobu.

Transportation And Travel

Excuse me, where is the nearest bus stop?
Izvinite, gde je najbliža autobuska stanica?

Can you tell me how to get to the train station?
Možete li mi reći kako da dođem do stanice?

Is this the right platform for the City-bound train?
Da li je ovo pravi peron za voz do grada?

How much is a single ticket to ...?
Koliko košta pojedinačna karta za ...?

Do I need to change trains to get to...?
Da li trebam presjedati da bih stigao do Edinburgha?

Could you please slow down, I don't understand your accent.
Molim vas usporite, ne razumijem vaš naglasak.

Is there a taxi rank nearby?
Ima li u blizini taksi stajalište?

How long will it take to get to the airport by bus?
Koliko je potrebno da se autobusom stigne do aerodroma?

What time does the last train leave?
U koliko sati polazi zadnji voz?

Are there any delays on the tube?
Ima li kašnjenja na cijevi?

Is this seat taken?
Je li ovo mjesto zauzeto?

Do you mind if I open the window?
Da li vam smeta ako otvorim prozor?

Could you please help me with my luggage?
Možete li mi pomoći oko moje prtljage?

Where can I buy a ticket for the ferry?

Gdje mogu kupiti kartu za trajekt?

How do I pay for the toll road?
Kako da platim putarinu?

Can I use my contactless card on the bus?
Mogu li koristiti svoju beskontaktnu karticu u autobusu?

What time does the night bus run?
U koje vrijeme prolazi noćni autobus?

How often does this bus run?
Koliko često vozi ovaj autobus?

Is there a direct train to ...
Ima li direktan vlak za...

Double-decker bus.
Dvospratni autobus.

High-speed train.
Brzi voz.

Intercity coach.
Međugradski autobus.

Red telephone box.
Crvena telefonska govornica.

Traditional black cab.
Tradicionalna tamna kabina.

Automatic ticket machine.
ATM.

Quiet carriage.
Tiha kolica.

Platform announcement.
Najava platforme.

Underground station.
Stanica podzemne željeznice.

Sleeper train.
Spavački voz.

Narrowboat canal.
Kanal teglenice.

Rural route bus.
Autobus ruralne rute.

Scenic railway journey.
Slikovito putovanje željeznicom.

Bicycle rental service.
Usluga iznajmljivanja bicikala.

Coastal ferry route.
Obalni trajekt.

Tram network.
Tramvajska mreža.

Vintage steam train.
Vintage parni voz.

Car rental agency.
Agencija za iznajmljivanje automobila.

Pedestrian zone.
Pešačka zona.

Traffic congestion.
Zagušenja u saobraćaju.

Train.
Vlak.

Bus.
autobusa.

Taxi.
Taksi.

Car.
Car.

Bicycle.
Bike.

Tube.
cijevi.

Underground.
Underground.

Tram.
Tramvaj.

Coach.
Trener.

Ferry.
Ferry.

Ticket.
Ticket.

Platform.
Platforma.

Luggage.
Baggage.

Destination.
Odredište.

Arrival.
Dolazak.

Departure.
Polazak.

Route.
Itinerar.

Schedule.
Raspored.

Toll.
Putarina.

Junction.
Junction.

Accommodation And Lodging

Do you have any available rooms?
Imate li slobodnih soba?

How much is a room per night?
Koliko košta soba po noći?

Can I see the room first?
Mogu li prvo pogledati predstavu?

Is breakfast included?
Da li je doručak uključen?

What time is check-in and check-out?
U koje vrijeme je prijava/odjava?

Can you recommend any good restaurants nearby?
Možete li preporučiti neki dobar restoran u blizini?

Is there a gym or fitness center?
Postoji li teretana ili fitnes centar?

Can I get a wake-up call?
Mogu li dobiti poziv za buđenje?

Is there room service?
Postoji li posluga u sobu?

How do I connect to the Wi-Fi?
Kako da se povežem na Wi-Fi?

Can I get extra towels,blankets or pillows?
Mogu li dobiti dodatne peškire/ćebad/jastuke?

Is there a safe in the room?
Ima li sef u sobi?

Can I extend my stay?
Mogu li produžiti svoj boravak?

What is the cancellation policy?

Koja je politika otkazivanja?

Can I pay by credit card?
Mogu li platiti kreditnom karticom?

Is there parking available?
Da li je parking dostupan?

Do you have a shuttle service?
Imate li uslugu prijevoza?

Can I store my luggage?
Mogu li spremiti svoj prtljag?

What are the room amenities.
Koji su sadržaji sobe.

Cozy and comfortable room.
Udobna i udobna soba.

How do I call reception?
Kako da pozovem recepciju?

Spacious and well-appointed accommodation.
prostranih i dobro opremljenih smještajnih jedinica.

Luxurious and elegant suite.
Luksuzan i elegantan apartman.

Modern and stylish decor.
Moderan i elegantan ukras.

Charming and quaint bed and breakfast.
šarmantnih i slikovitih soba za goste.

Scenic and picturesque location.
Slikovita i slikovita lokacija.

Peaceful and serene surroundings.
Mirno i spokojno okruženje.

Convenient and accessible location.
Pogodna i pristupačna lokacija.

Affordable and budget-friendly option.
Pristupačna i ekonomična opcija.

Pet-friendly accommodation.
Kućni ljubimci.

Family-friendly facilities.
Porodični objekti.

Business-friendly amenities.
Sadržaji pogodni za poslovanje.

Wheelchair accessible room.
Soba pogodna za osobe u invalidskim kolicima.

Non-smoking room.
Soba za nepušače.

Air-conditioned room.
Klimatizirana spavaća soba.

Balcony with a view.
Balkon sa pogledom.

En-suite bathroom.
Susedno kupatilo.

Complimentary toiletries.
besplatnih toaletnih potrepština.

Plush bedding and linens.
Meka posteljina i posteljina.

Flat-screen TV with cable/satellite channels.
TV ravnog ekrana s kabelskim/satelitskim kanalima.

Hotel.
Hotel.

Bed and Breakfast.
soba za goste.

Guesthouse.
Pansion.

Hostel.
Inn.

Resort.
Resort.

Motel.
Motel.

Inn.
Inn.

Suite.
apartmana.

Room.
Bedroom.

Bed.
kreveta.

Breakfast.
Doručak.

Reception.
Prijem.

Lobby.
Lobby.

Elevator.
Lift.

Stairs.
stepenica.

Corridor.
Koridor.

Bathroom.
Kupatilo.

Shower.
Tuš.

Toilet.
toaleta.

Towels.

peškira.

Food And Drink

Can I see the menu, please?
Mogu li vidjeti jelovnik, molim?

What do you recommend?
Šta preporučujete?

Do you have any vegetarian options?
Imate li vegetarijanske opcije?

Can I have the bill, please?
Mogu li dobiti fakturu, molim?

Is service included?
Da li je usluga uključena?

Excuse me, could I get some water?
Izvinite, mogu li dobiti malo vode?

I'll have a pint of beer, please.
Popit ću pintu piva, molim.

Could I have a fork and knife, please?
Mogu li dobiti viljušku i nož, molim?

This food is delicious!.
Ova hrana je ukusna!.

Do you have any specials?
Imate li neke posebne ponude?

How spicy is this dish?
Koliko je ovo jelo ljuto?

Can I get a refill, please?
Mogu li dobiti dopunu, molim?

Could we get separate checks?
Možemo li dobiti odvojene čekove?

What's in this dish?

Šta je u ovom jelu?

Is there a dress code?
Postoji li kodeks oblačenja?

Can I pay by card?
Mogu li platiti karticom?

What desserts do you have?
Koje deserte imate?

How long is the wait for a table?
Koliko je potrebno da se čeka sto?

Could I get a to-go box, please.
Mogu li dobiti kutiju za ponijeti, molim.

Creamy mashed potatoes.
Kremasti pire krompir.

Spicy chicken curry.
Začinjeni pileći kari.

Crispy fish and chips.
Hrskava riba i pomfrit.

Sweet sticky toffee pudding.
Slatki i ljepljivi karamel puding.

Rich tomato sauce.
Bogat paradajz sos.

Freshly baked bread.
Svježi kruh.

Pie.
Pita.

Flaky pastry crust.
Lisnato testo.

Tangy lemon sorbet.
Oštar sorbet od limuna.

Juicy grilled burger.
Juicy Grilled Burger.

Creamy mushroom risotto.
Kremasti rižoto od pečuraka.

Zesty lime dressing.
Vinaigrette sa slatkim limetom.

Rich chocolate mousse.
Bogati čokoladni mousse.

Savory vegetable soup.
Ukusna supa od povrća.

Crumbly cheddar cheese.
Mrvljivi cheddar sir.

Smoky barbecue sauce.
Dimljeni roštilj sos.

Roasted garlic cloves.
pečenih čena belog luka.

Buttery mashed carrots.
Pasirane šargarepe sa puterom.

Tart apple cider.
Tangy jabukovača.

Thick vegetable stew.
Gusti paprikaš od povrća.

Coffee.
Kafa.

Tea.
Tea.

Juice.
sokova.

Soda.
Soda.

Flour.
Brašno.

Corn.
Kukuruz.

Water.
Voda.

Wine.
Vino.

Beer.
Pivo.

Whiskey.
Viski.

Cheese.
sireva.

Bread.
Hleb.

Salad.
Salata.

Steak.
Odrezak.

Chicken.
Piletina.

Seafood.
Plodovi mora

Soup.
Supa.

Rice.
riža.

Pasta.
Pasta.

Dessert.
deserta.

Sauce.

Umaci.

Spices.
začina.

Shopping And Bargaining

How much is this?
Koliko to košta?

Can you give me a discount?
Možete li mi dati popust?

Do you have any other sizes?
Imate li druge veličine?

Could you show me something similar?
Možete li mi pokazati nešto slično?

I'm just browsing, thank you.
Samo pregledam, hvala.

That's too expensive for me.
Preskupo mi je.

Is this item on sale?
Da li je ovaj artikal na rasprodaji?

Could you tell me the price of that item?
Možete li mi reći cijenu ovog artikla?

What's the price difference between these two items?
Koja je razlika u cijeni između ova dva artikla?

Can you hold this for me?
Možete li mi ovo pridržati?

Is there a warranty on this product?
Postoji li garancija za ovaj proizvod?

Do you accept credit cards?
Da li prihvatate kreditne kartice?

Could you wrap this up as a gift?
Možete li ovo zapakirati kao poklon?

I'm looking for something specific.

Tražim nešto konkretno.

Do you have any recommendations?
Imate li kakvu preporuku?

This item is damaged.
Ovaj predmet je oštećen.

Can I return this item?
Mogu li vratiti ovaj predmet?

Is there a sale going on right now?
Da li je trenutno u toku rasprodaja?

I'll take it.
Ja ću uzeti.

High-quality materials.
Visokokvalitetni materijali.

Handcrafted items.
Rukotvorine.

Fashionable clothing.
Modna odjeća.

Traditional design.
Tradicionalni dizajn.

Durable construction.
Održiv dizajn.

One-of-a-kind item.
Jedinstveni predmet.

Brand name products.
Brendirani proizvodi.

Custom-made items.
prilagođenih artikala.

Natural ingredients.
prirodnih sastojaka.

Elegant accessories.
Moderan pribor.

Unique style.
Jedinstveni stil.

Contemporary design.
Savremeni dizajn.

Bright colours.
jarkih boja.

Soft texture.
Meka tekstura.

Sleek finish.
Elegantna završna obrada.

Stylish patterns.
modernih uzoraka.

Comfortable fit.
Udoban kroj.

Affordable prices.
Pristupačne cijene.

Limited edition.
Ograničeno izdanje.

Exclusive deals.
ekskluzivnih ponuda.

Bargain.
Pregovarajte.

Discount.
Popust.

Sale.
Prodaja.

Quality.
Kvalitet.

Style.
Styling.

Trendy.
Trend.

Unique.
Jedinstveno.

Luxury.
Luksuz.

Brand.
Marka.

Designer.
Dizajner.

Size.
Veličina.

Colour.
Boja.

Material.
Materijal.

Texture.
Tekstura.

Finish.
Završi.

Pattern.
Uzorak.

Accessory.
Dodatna oprema.

Gift.
Poklon.

Purchase.
Kupovina.

Return.
Povratak.

Money And Currency Exchange

How much does this cost?
Koliko to košta?

Can I pay by card?
Mogu li platiti karticom?

What's the exchange rate?
Koliki je kurs?

Do you have change for this note?
Imate li sitniš za ovu kartu?

Can I get a receipt?
Mogu li dobiti račun?

Is there an ATM nearby?
Ima li bankomat u blizini?

Could you break this bill into smaller denominations?
Možete li podijeliti ovaj račun na manje novčanice?

Do you accept foreign currency?
Da li prihvatate stranu valutu?

Can I pay in installments?
Mogu li platiti na rate?

How much is the commission fee?
Koliko su provizije?

Do you offer a discount?
Da li nudite popust?

Can I get a refund?
Mogu li dobiti povrat novca?

How do I convert pounds to euros?
Kako pretvoriti funte u eure?

Do you accept contactless payment?

Da li prihvatate beskontaktno plaćanje?

What's the total?
Koliko je ukupno?

How much do I owe you?
Koliko ti dugujem?

Can I pay in cash?
Mogu li platiti gotovinom?

Is there a limit on card payments?
Postoji li ograničenje za plaćanje karticama?

Can I use my credit card.
Mogu li koristiti svoju kreditnu karticu.

Exchange rate.
Kurs.

Foreign currency.
Deviza.

Commission fee.
Provizije.

ATM withdrawal.
podizanja novca na bankomatu.

Currency conversion.
Konverzija valuta.

Cash withdrawal.
Podizanje gotovine.

Contactless payment.
Beskontaktno plaćanje.

Card transaction.
Kartičarske transakcije.

Currency exchange.
Mjenjačnica.

Bank transfer.
Bankovni transfer.

Refund policy.
Politika povrata novca.

Payment method.
Način plaćanja.

Withdrawal limit.
Limit povlačenja.

Exchange rate calculator.
kalkulator kursa.

Transaction fee.
Transakcione naknade.

Payment processor.
Procesor plaćanja.

Digital wallet.
Digitalni novčanik.

Credit card payment.
Plaćanje kreditnom karticom.

Exchange rate fluctuations.
Fluktuacije deviznog kursa.

Payment confirmation.
Potvrda o uplati.

Currency.
Valuta.

Exchange.
Razmjena.

Cash.
Vrste.

Card.
Mapa.

ATM.
bankomata.

Commission.
Odbor.

Fee.
Naknade.

Refund.
Nadoknada.

Transfer.
Transfer.

Payment.
Plaćanje.

Contactless.
Beskontaktno.

Transaction.
Rad.

Withdrawal.
Povlačenje.

Rate.
Tarife.

Calculator.
Kalkulator.

Credit.
Kredit.

Bank.
Banka.

Emergency Situations

Help!.
Pomoć!.

Call an ambulance!.
Pozovite hitnu pomoć!.

I've been injured!.
Povrijeđen sam!.

Is there a hospital nearby?
Postoji li bolnica u blizini?

I need a doctor!.
Treba mi doktor!.

Please call the police!.
Molimo pozovite policiju!.

My wallet has been stolen!.
Novčanik mi je ukraden!.

My bag has been stolen!.
Moja torba je ukradena!.

Can you help me?
Možete li mi pomoći?

I'm lost!.
Izgubljen sam!.

I don't feel well.
Ne osjećam se dobro.

What's happened?
Šta se dogodilo?

What's going on?
Šta se dešava?

Where's the nearest phone?

Gdje je najbliži telefon?

I need to make an emergency call.
Moram da uputim hitni poziv.

Can you call for help?
Možete li pozvati pomoć?

Is everyone okay?
Da li su svi dobro?

I need assistance.
Treba mi pomoć.

Please hurry.
Molim vas požurite.

Injured and bleeding.
Ranjena i krvarenje.

Faint and dizzy.
Slabost i vrtoglavica.

Shortness of breath.
Kratkoća daha.

Chest pain.
Bol u grudima.

Broken bones.
slomljenih kostiju.

Head injury.
Povreda glave.

Seizures.
Napadaji.

Allergic reaction.
Alergijska reakcija.

Burns and scalds.
Opekline i opekotine.

Electric shock.
Strujni udar.

Poisoning.
Trovanje.

Heat stroke.
Toplotni udar.

Hypothermia.
Hipotermija.

Water-related injuries.
Povrede uzrokovane vodom.

Animal bites or stings.
Ujedi ili ubodi životinja.

Carbon monoxide poisoning.
Trovanje ugljen-monoksidom.

Drug overdose.
Predoziranje drogom.

Asthma attack.
Napad astme.

Choking.
Gušenje.

Panic attack.
Napad panike.

Emergency.
Hitna pomoć.

Accident.
Nesreća.

Injury.
Povreda.

Illness.
Bolest.

Pain.
Bol.

Bleeding.
Krvarenje.

Stolen.
Ukradeno.

Lost.
Izgubljeno.

Help.
Pomoć.

Hospital.
Bolnica.

Doctor.
Doktor.

Police.
Politika.

Ambulance.
kola hitne pomoći.

Fire.
Vatra.

Allergy.
Otrovno.

Electric.
Alergija.

Health And Medical Issues

I don't feel well.
Ne osećam se dobro.

Can you recommend a doctor?
Možete li preporučiti ljekara?

What's wrong with me?
Šta nije u redu sa mnom?

Is there a hospital nearby?
Postoji li bolnica u blizini?

How much does it cost to see a doctor?
Koliko košta posjeta ljekaru?

Can you help me find a pharmacy?
Možete li mi pomoći da pronađem apoteku?

I need to make a doctor's appointment.
Moram da zakažem pregled kod doktora.

I think I need to go to the hospital.
Mislim da moram u bolnicu.

Can you give me some medicine for this?
Možete li mi dati lijek za ovo?

How long will it take to recover?
Koliko će vremena trebati za oporavak?

What are the side effects of this medicine?
Koje su nuspojave ovog lijeka?

I have a headache/stomach ache/fever.
Imam glavobolju/bol u stomaku/groznicu.

I need to see a specialist.
Moram da vidim specijaliste.

Can you help me fill out this medical form?

Možete li mi pomoći da ispunim ovaj medicinski formular?

How often should I take this medicine?
Koliko često treba da uzimam ovaj lek?

What do I need to do to stay healthy?
Šta treba da uradim da ostanem zdrav?

Do I need any vaccinations for this trip?
Da li su mi potrebne vakcinacije za ovo putovanje?

I have a medical condition that requires attention.
Imam zdravstveno stanje koje zahtijeva pažnju.

Can you recommend a good health insurance plan.
Možete li preporučiti dobar plan zdravstvenog osiguranja.

Nauseous and dizzy.
Mučnina i vrtoglavica.

A persistent cough.
Uporni kašalj.

Aching joints and muscles.
Bol u zglobovima i mišićima.

Shortness of breath.
Kratkoća daha.

Pain in the chest.
Oštar bol u grudima.

A high fever.
Visoka temperatura.

Swelling and redness.
Otok i crvenilo.

Difficulty sleeping.
Poteškoće sa spavanjem.

Rapid heartbeat.
Ubrzani rad srca.

Unexplained weight loss.
Neobjašnjivi gubitak težine.

Chronic fatigue.
Hronični umor.

A skin rash or irritation.
Osip ili iritacija kože.

A sore throat and coughing up phlegm.
Bol u grlu i iskašljavanje sluzi.

Intense abdominal pain and bloating.
Intenzivan bol u stomaku i nadimanje.

Recurring headaches and migraines.
Ponavljajuće glavobolje i migrene.

Loss of appetite and nausea.
Gubitak apetita i mučnina.

Persistent back pain.
Uporni bol u leđima.

Difficulty speaking or slurred speech.
Poteškoće u govoru ili nejasan govor.

Visual disturbances and double vision.
Poremećaji vida i dvostruki vid.

Persistent or recurring infections.
Perzistentne ili ponavljajuće infekcije.

Doctor.
Doktor.

Hospital.
Bolnica.

Pharmacy.
Apoteka.

Medicine.
Medicina.

Prescription.
Red.

Specialist.
Specijalista.

Diagnosis.
Dijagnoza.

Treatment.
Obrada.

Insurance.
Osiguranje.

Symptoms.
Simptomi.

Pain.
Bol.

Fever.
groznica.

Allergies.
Alergije.

Vaccination.
Imunizacija.

Injury.
Povreda.

Illness.
Bolest.

Surgery.
Operacija.

Recovery.
Oporavak.

Therapy.
Terapija.

Emergency.
Hitna pomoć.

Weather And Climate

What's the weather like today?
kakvo je vrijeme danas?

Is it supposed to rain later?
Da li bi kasnije trebalo da pada kiša?

Do you think it's going to be hot tomorrow?
Mislite li da će sutra biti vruće?

I hope the sun comes out soon.
Nadam se da će sunce uskoro izaći.

It's really chilly outside today.
Danas je stvarno hladno napolju.

I'm not a fan of this humidity.
Nisam ljubitelj ove vlage.

The weather forecast said it's going to snow.
Vremenska prognoza kaže da će padati snijeg.

This heat is unbearable.
Ova vrućina je nepodnošljiva.

How are you coping with the cold weather.
Kako se nosite sa hladnoćom?

Sunny and clear.
Sunčano i vedro.

Cloudy with a chance of rain.
Oblačno sa mogućom kišom.

Heavy rain and thunderstorms.
Jaka kiša i grmljavina.

Overcast and grey.
Oblačno i sivo.

Scorching hot and humid.

Vruća, vlažna vrućina.

Mild and breezy.
Blaga i vjetrovito.

Snowy and frosty.
Snježno i mraz.

Damp and drizzly.
Mokra i kišica.

Hazy and smoggy.
Maglovito i smogovito.

Freezing cold and icy.
Zamrzavanje i zamrzavanje.

Torrential downpour.
Obilni pljusak.

Light showers.
laganih tuševa.

Thick fog.
Jaka magla.

Blistering heat.
Vrućina.

Gusty winds.
Udarni vjetrovi.

Glacial temperatures.
Glacijalne temperature.

Muggy and sticky.
Mokro i ljepljivo.

Sizzling and sweltering.
Vruće i zagušljivo.

Calm and clear.
Tiho i jasno.

Stormy and turbulent.
Olujno i turbulentno.

Rain.
Kiša.

Sunshine.
ned.

Clouds.
oblaka.

Snow.
Snijeg.

Wind.
Vjetar.

Temperature.
Temperatura.

Humidity.
Vlažnost.

Thunderstorm.
Grmljavina.

Hail.
Zdravo.

Fog.
Magla.

Frost.
Frost.

Ice.
Ice.

Heatwave.
Toplotni talas.

Blizzard.
Blizzards.

Gale.
Gale.

Cyclone.
Uragan.

Drought.
Suša.

Monsoon.
Monsun.

Tornado.
Tornado.

Hurricane.
Uragan.

Time And Dates

What time is it?
Koliko je sati?

Do you have the time?
Imate li vremena?

Can you tell me the time?
Možete li mi reći koliko je sati?

What day is it today?
Koji je danas dan?

What's the date today?
Koji je današnji datum?

When is the meeting?
Kada je sastanak?

When is your flight?
Kada je vaš let?

Are you free tomorrow?
Jeste li slobodni sutra?

What time does the store close?
U koje vrijeme se radnja zatvara?

Can we meet at 3 pm?
Možemo li se naći u 15:00?

What's the schedule for today?
Šta je današnji program?

When do the trains run?
Kada vozovi voze?

How long will it take?
Koliko će to trajati?

What time do you usually wake up?

U koje vrijeme se obično budite?

Is it too late to call?
Da li je prekasno za poziv?

Are you available on the weekend?
Jeste li slobodni vikendom?

How long are you staying?
Koliko dugo ostajete?

Can we schedule a call for next week?
Možemo li zakazati poziv za sljedeću sedmicu?

When is the deadline.
Koji je rok.

Time zone.
Vremenska zona.

Daylight saving time.
Ljetno vrijeme.

Time difference.
Vremenska razlika.

Clockwise.
U smjeru kazaljke na satu.

Counterclockwise.
U smjeru suprotnom od kazaljke na satu. Igla.

Hour hand.
sati. Igla.

Minute hand.
minuta.

Digital clock.
Digitalni sat.

Analog clock.
Analogni sat.

24-hour clock.
24-satni sat.

AM/PM.
sati ujutro

Midnight.
Ponoć.

Noon.
podne.

Time stamp.
Vremenska oznaka.

Time frame.
Rok.

Time limit.
Vremensko ograničenje.

Time management.
Upravljanje vremenom.

Time travel.
Putovanje kroz vrijeme.

Time zone map.
Karta vremenskih zona.

Timeless beauty.
Bezvremenska ljepota.

Time.
sati.

Clock.
Sat.

Watch.
Pogledaj.

Hour.
sati.

Minute.
minuta.

Second.
sekundi.

Date.
Sastanci.

Calendar.
Kalendar.

Schedule.
Raspored.

Deadline.
Rok.

Appointment.
Zakazivanje.

Meeting.
Sastanak.

Arrival.
Dolazak.

Departure.
Polazak.

Duration.
Trajanje.

Interval.
Interval.

Moment.
sekundi.

Occasion.
prilika.

Period.
Period.

Season.
Season.

Phone Calls And Communication

What time is it?
Koliko je sati?

Do you have the time?
Imate li vremena?

Can you tell me the time?
Možete li mi reći koliko je sati?

What day is it today?
Koji je danas dan?

What's the date today?
Koji je današnji datum?

When is the meeting?
Kada je sastanak?

When is your flight?
Kada je vaš let?

Are you free tomorrow?
Jeste li slobodni sutra?

What time does the store close?
U koje vrijeme se radnja zatvara?

Can we meet at 3 pm?
Možemo li se naći u 15:00?

What's the schedule for today?
Šta je današnji program?

When do the trains run?
Kada vozovi voze?

How long will it take?
Koliko će to trajati?

What time do you usually wake up?

U koje vrijeme se obično budite?

Is it too late to call?
Da li je prekasno za poziv?

Are you available on the weekend?
Jeste li slobodni vikendom?

How long are you staying?
Koliko dugo ostajete?

Can we schedule a call for next week?
Možemo li zakazati poziv za sljedeću sedmicu?

When is the deadline.
Koji je rok.

Time zone.
Vremenska zona.

Daylight saving time.
Ljetno vrijeme.

Time difference.
Vremenska razlika.

Clockwise.
U smjeru kazaljke na satu.

Counterclockwise.
U smjeru suprotnom od kazaljke na satu. Igla.

Hour hand.
sati. Igla.

Minute hand.
minuta.

Digital clock.
Digitalni sat.

Analog clock.
Analogni sat.

24-hour clock.
24-satni sat.

AM/PM.
sati ujutro

Midnight.
Ponoć.

Noon.
podne.

Time stamp.
Vremenska oznaka.

Time frame.
Rok.

Time limit.
Vremensko ograničenje.

Time management.
Upravljanje vremenom.

Time travel.
Putovanje kroz vrijeme.

Time zone map.
Karta vremenskih zona.

Timeless beauty.
Bezvremenska ljepota.

Time.
sati.

Clock.
Sat.

Watch.
Pogledaj.

Hour.
sati.

Minute.
minuta.

Second.
sekundi.

Date.
Sastanci.

Calendar.
Kalendar.

Schedule.
Raspored.

Deadline.
Rok.

Appointment.
Zakazivanje.

Meeting.
Sastanak.

Arrival.
Dolazak.

Departure.
Polazak.

Duration.
Trajanje.

Interval.
Interval.

Moment.
sekundi.

Occasion.
prilika.

Period.
Period.

Season.
Season.

Time And Dates 2

Tomorrow.
sutra.

Yesterday.
Juče.

Week.
Week.

Weekend.
Weekend.

Weekday.
Weekday.

Weekend.
Weekend.

Monday.
ponedjeljak.

Tuesday.
utorak.

Wednesday.
srijeda.

Thursday.
četvrtak.

Friday.
petak.

Saturday.
subota.

Sunday.
nedelja.

Holiday.

Odmor.

Anniversary.
Anniversary.

Birthdate.
Rođendan.

Season.
Season.

Spring.
Spring.

Summer.
Summer.

Autumn.
Jesen.

Winter.
Zima.

Daylight.
Dnevno svjetlo.

Daybreak.
Svitanje.

Daytime.
Dnevno.

Nighttime.
Noću.

Sunrise.
Izlazak sunca.

Sunset.
Zalazak sunca.

Dusk.
Sumrak.

Dawn.
Zora.

Daylight saving.
Ljetno računanje vremena.

Full day.
Cijeli dan.

Half-day.
Poludnevno.

All day.
Ceo dan.

Every day.
Svaki dan.

Once a day.
Jednom dnevno.

Twice a day.
Dvaput dnevno.

Three times a day.
Tri puta dnevno.

Daily.
Dnevno.

Weekly.
Weekly.

Biweekly.
Biweekly.

Monthly.
mjesečno.

Bimonthly.
Dvomjesečno.

Quarterly.
Quarterly.

Semester.
semestar.

Annual.
Godišnji.

Biennial.
Bijenale.

Triennial.
Triennial.

Quadrennial.
Quadriennial.

Centennial.
Centennial.

Millennium.
Milenijum.

Day by day.
Dan po dan.

Night and day.
Noć i dan.

Daylight hours.
Dnevni sati.

Days of the week.
dana u sedmici.

Workday.
Radni dan.

Non-working day.
Neradni dan.

Workweek.
Radna sedmica.

School week.
Školska sedmica.

Calendar week.
Kalendarska sedmica.

Full week.

Cijela sedmica.

Half-week.
Pola sedmice.

Weekly planner.
Sedmični planer.

Weekly schedule.
Sedmični raspored.

Weekly routine.
Sedmična rutina.

Weeklong.
Weeklong.

Days of the week.
dana u sedmici.

Weeknight.
Weeknight.

End of the week.
Kraj sedmice.

Start of the week.
Početak sedmice.

Long weekend.
Dugi vikend.

Short week.
Kratka sedmica.

Five-day week.
Petodnevna sedmica.

Seven-day week.
Sedmodnevna sedmica.

Previous week.
Prethodna sedmica.

This week.
Ove sedmice.

Next week.
Sljedeće sedmice.

Last week.
Prošle sedmice.

Week ahead.
sedmica unaprijed.

Month.
Month.

January.
, januar.

February.
, februar.

March.
, mart.

April.
, april.

May.
, maj.

June.
, jun.

July.
, jul.

August.
, avgust.

September.
, septembar.

October.
, oktobar.

November.
, novembar.

December.
. decembar.

Monthly.
mjesečno.

Bi-monthly.
Dvomjesečno.

Monthly planner.
Mjesečni planer.

Monthly schedule.
Mjesečni raspored.

New month.
Novi mjesec.

Old month.
Stari mjesec.

Current month.
Tekući mjesec.

Upcoming month.
Predstojeći mjesec.

Previous month.
Prethodni mjesec.

Next month.
Sljedeći mjesec.

Last month.
Prošlog mjeseca.

End of the month.
Kraj mjeseca.

Start of the month.
Početak mjeseca.

Fortnight.
Dve nedelje.

Two-month period.

Dvomjesečni period.

Three-month quarter.
Tromjesečni kvartal.

Six-month interval.
Razmak od šest mjeseci.

Twelve-month cycle.
Dvanaestomjesečni ciklus.

Academic month.
Akademski mjesec.

Fiscal month.
Fiskalni mjesec.

Calendar month.
Kalendarski mjesec.

Yearly.
Godišnje.

Annual.
Godišnji.

Biennial.
Bijenale.

Triennial.
Triennial.

Quadrennial.
Quadriennial.

Centennial.
Centennial.

Millennium.
Milenijum.

Leap year.
Prijestupna godina.

Calendar year.
Kalendarska godina.

Fiscal year.
Fiskalna godina.

Academic year.
Akademska godina.

Financial year.
Finansijska godina.

Full year.
Puna godina.

Half-year.
Pola godine.

Upcoming year.
Predstojeća godina.

Previous year.
Prethodna godina.

Current year.
Tekuća godina.

New Year's Eve.
Nova godina.

New Year's Day.
Nova godina.

Year-end.
Kraj godine.

Year-round.
Tokom cijele godine. prije

Years ago.
godina.

Past year.
Prošle godine.

Coming year.
Predstojeća godina.

Busy year.
Radna godina.

Eventful year.
Godina puna događaja.

Technology And Internet

Can you help me set up my Wi-Fi?
Možete li mi pomoći da konfiguriram Wi-Fi?

How do I download this app?
Kako preuzeti ovu aplikaciju?

What's your Wi-Fi password?
Koja je vaša lozinka za Wi-Fi?

Can I borrow your charger?
Mogu li posuditi vaš punjač?

Do you know how to fix a frozen screen?
Znate li kako popraviti zamrznut ekran?

I need to update my software.
Moram da ažuriram svoj softver.

Can you recommend a good laptop?
Možete li preporučiti dobar laptop?

How do I back up my files?
Kako da napravim rezervnu kopiju svojih fajlova?

What's your email address?
Koja je vaša adresa e-pošte?

Can you show me how to use this program?
Možete li mi pokazati kako se koristi ovaj program?

Do you use social media?
Da li koristite društvene mreže?

Have you seen this viral video?
Jeste li vidjeli ovaj viralni video?

Can I connect my phone to your Bluetooth speaker?
Mogu li povezati svoj telefon sa vašim Bluetooth zvučnikom?

How do I stop these pop-up ads?

Kako zaustaviti ove pop-up oglase?

Can you send me the link?
Možete li mi poslati link?

What's your username?
Koje je vaše korisničko ime?

How do I reset my password?
Kako da resetujem svoju lozinku?

Can you recommend a good smartphone?
Možete li preporučiti dobar pametni telefon?

Do you have any good podcasts to recommend.
Imate li dobre podcaste za preporučiti.

High-speed internet connection.
Širokopojasna internetska veza.

Mobile device with touchscreen.
Mobilni uređaj sa ekranom osetljivim na dodir.

Wireless network adapter.
Adapter bežične mreže.

Cloud storage service.
Usluga skladištenja u oblaku.

Augmented reality technology.
Tehnologija proširene stvarnosti.

Multi-tasking capabilities.
Multitasking mogućnosti.

Touchpad mouse.
Touchpad miš.

Instant messaging application.
Aplikacija za trenutne poruke.

Virtual reality headset.
Slušalice za virtuelnu stvarnost.

Password-protected account.
Nalog zaštićen lozinkom.

High-definition display screen.
Zaslon visoke definicije.

Digital assistant technology.
Tehnologija digitalnog asistenta.

Search engine optimization.
Optimizacija pretraživača.

Social media marketing.
Marketing na društvenim mrežama.

Secure online payment system.
Siguran sistem plaćanja na mreži.

Interactive web design.
Interaktivni web dizajn.

Voice-activated technology.
Tehnologija koja se aktivira glasom.

User-friendly interface.
korisničko sučelje.

Internet of Things (IoT) technology.
Tehnologija interneta stvari (IoT).

Data analytics software.
Softver za analizu podataka.

Browser.
Pretraživač.

App.
app.

Download.
Preuzmi.

Upload.
Preuzmi.

Email.
Email.

Password.
Lozinka.

Username.
Korisničko ime.

Website.
Web stranica.

Social media.
Društveni mediji.

Hashtag.
Hashtag.

Notification.
Recenzije.

Click.
Kliknite.

Scroll.
Listajte.

Link.
Link.

Search.
Istraživanje.

Firewall.
Firewall.

Hack.
Hack.

Spam.
Spam.

Virus.
Virusi.

Local Attractions And Tourist Sites

Can you recommend any local attractions?
Možete li preporučiti neke lokalne atrakcije?

How do I get to the nearest tourist site?
Kako doći do najbližeg turističkog mjesta?

What's the best way to explore this area?
Koji je najbolji način za istraživanje ove regije?

Have you visited any of the museums around here?
Jeste li posjetili neki od ovdašnjih muzeja?

What's the most popular attraction in this city?
Koja je najpopularnija atrakcija u ovom gradu?

Is there a guided tour available for this site?
Postoji li obilazak sa vodičem za ovu stranicu?

Do you know the history behind this landmark?
Da li znate istoriju ovog spomenika?

Are there any festivals or events happening here soon?
Hoće li ovdje uskoro biti nekih festivala ili događaja?

How long does it take to see all the sights in this town.
Koliko vremena treba da se vide sve znamenitosti ovog grada.

A stunning panoramic view of the city.
Panoramski pogled na grad koji oduzima dah.

A fascinating display of ancient artifacts.
Fascinantan prikaz drevnih artefakata.

A picturesque town with cobblestone streets.
Slikovit gradić sa popločanim ulicama.

A majestic castle with breathtaking architecture.
Veličanstveni dvorac sa arhitekturom koja oduzima dah.

A tranquil garden filled with exotic flowers.

Miran vrt pun egzotičnog cvijeća.

A bustling marketplace with colorful stalls.
Užurbana pijaca sa šarenim štandovima.

A charming village nestled in the countryside.
Šarmantno selo smješteno u prirodi.

A historical landmark with a rich backstory.
Istorijski spomenik sa bogatom istorijom.

A modern art gallery with cutting-edge exhibitions.
Moderna umjetnička galerija s avangardnim izložbama.

A lively entertainment district with something for everyone.
Užurbana četvrt za zabavu sa ponešto za svakoga.

Attraction.
Atrakcija.

Landmark.
Landmark.

Museum.
Muzej.

Gallery.
Galerija.

Exhibition.
Ekspozicija.

Castle.
Castle.

Garden.
Vrt.

Market.
Market.

Village.
Selo.

Town.
Grad.

City.
Grad.

Countryside.
Kampanja.

Coastline.
Obala.

Mountain.
Planina.

Park.
Park.

Zoo.
Zoološki vrtovi.

Aquarium.
Akvarijum.

Amusement Park.
Zabavni park.

Theatre.
Pozorište.

Stadium.
Stadion.

Sports And Leisure Activities

Do you want to play tennis?
Želiš li igrati tenis?

Are you into football?
Bavite li se fudbalom?

Have you ever tried rock climbing?
Jeste li ikada probali penjanje po stijenama?

Would you like to go for a bike ride?
Želite li vožnju biciklom?

What's your favorite sport?
Koji je vaš omiljeni sport?

Do you prefer watching or playing sports?
Da li više volite da gledate ili se bavite sportom?

Have you ever been skiing before?
Jeste li ikada skijali?

How often do you exercise?
Koliko često vježbate?

Would you like to join our game of basketball?
Želite li se pridružiti našoj košarkaškoj utakmici?

Have you seen any good matches lately?
Jeste li nedavno vidjeli neke dobre utakmice?

I'm not very good at sports.
Nisam baš dobar u sportu.

Let's play a round of golf.
Hajde da igramo rundu golfa.

Are you a fan of rugby?
Jeste li ljubitelj ragbija?

What's your personal best time for running?

Koje je vaše lično najbolje vrijeme na trci?

Do you like swimming?
Volite li plivati?

I'm looking for a workout buddy.
Tražim partnera za obuku.

Can you recommend any good gyms?
Možete li preporučiti neku dobru teretanu?

I'm thinking of taking up yoga.
Razmišljam da se bavim jogom.

Would you like to go for a hike.
Želite li ići na planinarenje.

High-intensity interval training (HIIT).
Intervalni trening visokog intenziteta (HIIT).

Outdoor adventure sports.
Avanturistički sportovi na otvorenom.

Water sports and activities.
Vodeni sportovi i aktivnosti.

Competitive team sports.
Takmičarski timski sportovi.

Individual endurance sports.
Individualni sportovi izdržljivosti.

Indoor and outdoor recreation facilities.
Sadržaji za rekreaciju u zatvorenom i na otvorenom.

Sports equipment and gear.
Sportska oprema i materijali.

Physical fitness and wellness.
Fizička spremnost i dobrobit.

Strength and conditioning exercises.
Vježbe snage i kondicije.

Cardiovascular workouts.
Kardiovaskularnih treninga.

Leisurely outdoor activities.
tihih aktivnosti na otvorenom.

Martial arts and combat sports.
Borilačke vještine i borbeni sportovi.

Winter sports and activities.
Zimski sportovi i aktivnosti.

Yoga and meditation practices.
Praksa joge i meditacije.

Pilates and barre exercises.
Pilates i barre vježbe.

Gym and fitness studio memberships.
članstvo u teretani i fitnes studiju.

Sports medicine and injury prevention.
Sportska medicina i prevencija povreda.

Sports psychology and mental training.
Sportska psihologija i mentalna priprema.

Sports nutrition and dietary supplements.
Sportska ishrana i dodaci prehrani.

Sports science and exercise physiology.
Sportska nauka i fiziologija vježbanja.

Football.
Fudbal.

Cricket.
Kriket.

Tennis.
Tenis.

Rugby.
Ragbi.

Swimming.
Plivanje.

Running.
Trči.

Cycling.
Biciklizam.

Golf.
Golf.

Yoga.
Joga.

Pilates.
Pilates.

Gymnastics.
Gimnastika.

Martial arts.
Borilačke vještine.

Climbing.
Penjanje.

Skiing.
Skijanje.

Snowboarding.
Snowboarding.

Hiking.
Hike.

Surfing.
Surf.

Kayaking.
Kajak.

Sailing.
Veil.

Volleyball.
Odbojka.

Nightlife And Entertainment

What's going on tonight?
Šta se dešava večeras?

Can I get you a drink?
Mogu li te častiti pićem?

This place is packed!.
Ovo mjesto je prepuno!.

Let's hit the dance floor!.
Hajdemo na plesni podij!.

Do you know any good bars around here?
Poznajete li neke dobre barove ovdje?

This music is so loud!.
Ova muzika je tako glasna!.

What's your favorite type of music?
Koji je vaš omiljeni stil muzike?

Do you want to grab a bite to eat?
Želite li zalogaj?

Who's performing tonight?
Ko igra večeras?

This place has a great atmosphere!.
Ovo mjesto ima odličnu atmosferu!.

Let's order some shots!.
Naručite nekoliko snimaka!.

What do you think of this place?
Šta mislite o ovom mjestu?

Are you having a good time?
Da li se dobro zabavljate?

What's your favorite drink?

Koje je vaše omiljeno piće?

Let's get the party started!.
Započnimo žurku!.

Do you want to dance?
Želiš li plesati?

This DJ is killing it!.
Ovaj DJ ga ubija!.

Let's find a quieter spot to talk.
Nađimo mirnije mjesto za razgovor.

Do you know any good clubs in town.
Poznajete li neki dobar klub u gradu.

High-energy music.
Energična muzika.

Dimly-lit bar.
Bar slabo osvijetljen.

Large dance floor.
Veliki plesni podij.

Colorful cocktails.
šarenih koktela.

Live entertainment.
Zabava uživo.

Neon lights.
neonskih lampi.

Crowded venue.
Prepuno mjesto.

Eclectic decor.
Eklektičan dekor.

Intimate setting.
Intimno okruženje.

Lively atmosphere.
Živa atmosfera.

Thumping bass.
prodornih basova.

Hip-hop beats.
hip hop ritmova.

Chill vibes.
opuštajućih atmosfera.

Cozy corner booths.
udobnih kutnih kabina.

Upscale ambiance.
Vrhunski ambijent.

Funky furnishings.
Funky namještaj.

Retro-themed bar.
Retro tematski bar.

Fun and festive.
Zabavno i svečano.

Refined cocktails.
Rafiniranih koktela.

Late-night eats.
Kasni večernji obrok.

Bar.
barova.

Club.
klubova.

Dance.
Ples.

Drinks.
Pića.

Music.
Muzika.

DJ.
DJ-eva.

Party.
Party.

Band.
bendova.

Cocktails.
koktela.

Venue.
Lokacija.

Atmosphere.
Atmosfera.

Entertainment.
Zabava.

Karaoke.
Karaoke.

Happy Hour.
Happy Hours.

Cover charge.
Troškovi zaštite.

Shots.
Hits.

Stage.
Korak.

Bartender.
Barmen.

Beer.
Pivo.

Wine.
Vino.

Education And Learning

Can you explain that again?
Možete li to ponovo objasniti?

What do you mean by that?
Šta mislite pod tim?

I don't understand.
Ne razumem.

Could you give me an example?
Možete li mi dati primjer?

I'm struggling with this.
Imam problema s ovim.

How do you pronounce that word?
Kako se izgovara ova riječ?

Can you recommend a good book on this topic?
Možete li preporučiti dobru knjigu na ovu temu?

What's your opinion on this?
Kakvo je vaše mišljenje o tome?

What do you think about...?
Šta mislite o...?

Have you studied this before?
Jeste li ikada ovo proučavali?

How long have you been learning English?
Koliko dugo učite engleski?

Do you find this subject interesting?
Da li vam je ova tema zanimljiva?

I need help with my homework.
Treba mi pomoć oko domaće zadaće.

Can you proofread my essay?

Možete li ponovo pročitati moj esej?

Could you explain this in simpler terms?
Možete li to objasniti jednostavnijim riječima?

What's the best way to study for this exam?
Koji je najbolji način za učenje za ovaj ispit?

Can we form a study group?
Možemo li formirati studijsku grupu?

Do you have any tips for memorizing vocabulary?
Imate li savjete za pamćenje vokabulara?

Let's review what we've learned so far.
Pogledajmo šta smo do sada naučili.

Lifelong learning is important.
Cjeloživotno učenje je važno.

A well-rounded education includes both academics and extracurricular activities.
Dobro zaokruženo obrazovanje uključuje i akademske i vannastavne aktivnosti.

Learning should be a fun and engaging process.
Učenje bi trebalo da bude zabavan i privlačan proces.

Teachers play a vital role in shaping students' lives.
Nastavnici igraju vitalnu ulogu u oblikovanju života učenika.

A growth mindset is key to achieving success.
Način razmišljanja o rastu ključ je uspjeha.

Online learning has become increasingly popular in recent years.
E-učenje je posljednjih godina postalo sve popularnije.

It's important to foster a love of reading in young children.
Važno je njegovati ljubav prema čitanju kod male djece.

Critical thinking skills are essential for problem-solving.
Vještine kritičkog mišljenja su ključne za rješavanje problema.

A good education is the foundation for a successful career.
Dobro obrazovanje je osnova uspješne karijere.

Learning a foreign language can broaden your cultural horizons.
Učenje stranog jezika može proširiti vaše kulturne horizonte.

Education should be accessible to everyone, regardless of their background.
Obrazovanje mora biti dostupno svima, bez obzira na njihovo porijeklo.

A good teacher can inspire students to achieve greatness.
Dobar nastavnik može inspirisati učenike da postignu veličinu.

Technology has revolutionized the way we learn and teach.
Tehnologija je revolucionirala način na koji učimo i podučavamo.

A supportive learning environment can make all the difference.
Podržavajuće okruženje za učenje može napraviti razliku.

A love of learning should be instilled from an early age.
Ljubav prema učenju treba usađivati od malih nogu.

Learning doesn't have to stop after school ends.
Učenje ne mora prestati nakon završetka škole.

Personalized learning can cater to individual students' needs.
Personalizirano učenje može zadovoljiti potrebe svakog učenika.

The best way to learn is through hands-on experience.
Najbolji način učenja je stjecanje praktičnog iskustva.

Learning from mistakes is an important part of the process.
Učenje na greškama je važan dio procesa.

The education system should adapt to the changing needs of society.
Obrazovni sistem se mora prilagoditi promjenjivim potrebama društva.

Classroom.
Učionica.

Textbook.
Manual.

Lecture.
Konferencija.

Homework.
Dužnosti.

Exam.
Pregled.

Grade.
. godine.

Student.
Student.

Teacher.
Nastavnik.

Curriculum.
Nastavni plan i program.

Assignment.
Zadatak.

Learning.
Učenje.

Education.
Obrazovanje.

Study.
Studija.

Test.
Test.

Coursework.
kurseva.

Degree.
stepeni.

Seminar.
Seminar.

Diploma.
Diploma.

Tutor.
Guardian.

Knowledge.
Znanje.

Holidays And Celebrations

Happy holidays!.
Sretni praznici!.

What are you doing for the holidays?
Šta radite na odmoru?

Are you going away for the holidays?
Idete na odmor?

Have you got any plans for the holidays?
Imate li planove za praznike?

I'm looking forward to the holidays.
Radujem se praznicima.

Do you celebrate Christmas?
Da li slavite Božić?

Merry Christmas!.
Sretan Božić!.

Happy New Year!.
Sretna Nova godina!.

What are your New Year's resolutions?
Koje su vaše novogodišnje odluke?

Did you have a good holiday season?
Da li ste imali dobru sezonu praznika?

How was your holiday?
Kakav je bio vaš odmor?

I hope you had a good holiday.
Nadam se da ste imali dobar odmor.

What did you do over the holidays?
Šta ste radili tokom praznika?

Do you have any holiday traditions?

Imate li praznične tradicije?

How do you usually celebrate?
Kako obično slavite?

We're having a party for the holidays.
Imamo prazničnu zabavu.

I'm going to visit family for the holidays.
Idem posjetiti svoju porodicu za praznike.

Let's exchange holiday cards.
Razmijenimo naše praznične karte.

What's your favourite holiday.
Koja je vaša omiljena zabava.

Festive decorations.
svečanih ukrasa.

Sparkling lights.
svjetlucavih svjetala.

Yuletide cheer.
Christmas Cheers.

Holiday spirit.
Praznični duh.

Christmas crackers.
božićnih kolačića.

Mistletoe and holly.
Imela i božikovina.

Traditional turkey dinner.
Tradicionalna ćuretina večera.

Roaring fireplace.
Užareni kamin.

Snowy landscapes.
Snježni pejzaži.

Warm and cozy.
Toplo i udobno.

Glistening snowflakes.
svjetlucavih pahuljica.

Festive music.
Svečana muzika.

Twinkling ornaments.
svjetlucavih ukrasa.

Jolly atmosphere.
Vesela atmosfera.

Family gatherings.
porodičnih okupljanja.

Seasonal treats.
Sezonske poslastice.

Winter wonderland.
Zimska zemlja čuda.

Gingerbread houses.
kućica od medenjaka.

Festive attire.
Haljina za zabavu.

Glittering fireworks.
pjenušavih vatrometa.

Holiday.
Praznici.

Celebration.
Proslava.

Festivity.
Party.

Christmas.
Božić.

New Year.
Nova godina

Easter.
Uskrs.

Thanksgiving.
Dan zahvalnosti.

Hanukkah.
Hanuka.

Kwanzaa.
Kwanza.

Diwali.
Diwali.

Jubilation.
Likovanje.

Merriment.
Joy.

Festooned.
Scalloped.

Rejoice.
Radujte se.

Merrymaking.
Partije.

Cheerful.
Sretan.

Party.
Party.

Gift.
Poklon.

Fireworks.
Vatromet.

Environment And Nature

What's the weather like today?
kakvo je vrijeme danas?

Do you know any good hiking trails around here?
Znate li za neke dobre planinarske staze u blizini?

Have you seen any wildlife in this area?
Jeste li vidjeli divlje životinje na ovom području?

Is this beach safe for swimming?
Da li je ova plaža sigurna za kupanje?

Can you recommend a good place to go birdwatching?
Možete li preporučiti dobro mjesto za promatranje ptica?

Have you visited any national parks?
Jeste li posjetili neki nacionalni park?

What's your favourite outdoor activity?
Koja je vaša omiljena aktivnost na otvorenom?

Do you know anything about the history of this forest?
Da li znate istoriju ove šume?

Have you ever gone camping?
Jeste li ikada bili na kampovanju?

Is it easy to find a place to recycle around here?
Da li je ovdje lako pronaći mjesto za recikliranje?

Have you tried any local organic food?
Jeste li probali lokalnu organsku hranu?

How can we reduce our impact on the environment?
Kako možemo smanjiti svoj utjecaj na okoliš?

Do you know any sustainable tourism options?
Da li znate za neke opcije održivog turizma?

Have you ever gone on an eco-tour?

Da li ste ikada išli na ekoturu?

What are some ways we can protect the environment?
Kako možemo zaštititi životnu sredinu?

What's the best time of year to go whale watching?
Koje je najbolje godišnje doba za posmatranje kitova?

Do you have any tips for gardening?
Imate li savjete za baštovanstvo?

What are some good parks to visit in this city.
Koji su dobri parkovi za posjetiti u ovom gradu.

A lush green forest.
Zelena šuma.

A rocky coastline.
Kamenita obala.

A serene lake.
Mirno jezero.

A tranquil meadow.
Mirna livada.

A misty mountain range.
Magloviti planinski lanac.

A bustling urban park.
Živahan urbani park.

A stunning waterfall.
Veličanstveni vodopad.

A picturesque countryside.
Slikovit krajolik.

A rugged wilderness.
Neravan pustinja.

A colourful butterfly garden.
Šarena bašta leptira.

An enchanting woodland.
Očaravajuća šuma.

A vast open moorland.
Široko otvoreno barište.

A crystal clear river.
Bistra rijeka.

A sandy beach.
Pješčana plaža.

A dense rainforest.
Gusta tropska šuma.

A blooming flower field.
Polje rascvjetalog cvijeća.

A majestic mountain peak.
Veličanstveni vrh.

A calm sea.
Mirno more.

A vibrant coral reef.
Dinamičan koralni greben.

A windswept dune.
Vetrovita dina.

Tree.
Shaft.

River.
River.

Mountain.
Planina.

Beach.
Plaža.

Lake.
Lake.

Trail.
Trail.

Forest.
Šuma.

Wildlife.
Fauna.

National park.
Nacionalni park.

Hiking.
Hike.

Camping.
Kamp.

Garden.
Vrt.

Conservation.
Skladištenje.

Nature.
Priroda.

Landscape.
Pejzaž.

Waterfall.
Vodopad.

Scenery.
Pejzaž.

Climate.
Klima.

Ecosystem.
Ekosistem.

Shoreline.
Obala.

History And Culture

Can you tell me more about this place?
Možete li mi reći više o ovom mjestu?

What's the story behind this monument?
Kakva je istorija ovog spomenika?

Have you visited any museums recently?
Jeste li nedavno posjetili neki muzej?

I'm interested in learning more about the local history.
Želim da znam više o lokalnoj istoriji.

How does this building relate to the city's past?
Kakvu vezu ova zgrada ima sa prošlošću grada?

What are some traditional customs and celebrations here?
Koji su tradicionalni običaji i slavlja ovdje?

I'd love to know more about the local culture.
Želio bih znati više o lokalnoj kulturi.

Are there any historical sites nearby that are worth visiting?
Postoje li u blizini istorijski lokaliteti koje vrijedi posjetiti?

Can you recommend any books or documentaries about the area's history?
Možete li preporučiti neku knjigu ili dokumentarni film o istoriji regiona?

What role did this area play in the country's history?
Kakvu je ulogu ovaj region imao u istoriji zemlje?

How have things changed over time here?
Kako su se stvari ovdje promijenile tokom vremena?

Do you know any interesting historical facts or stories about this area?
Znate li neke zanimljive istorijske činjenice ili priče o ovom području?

What are some local traditions that are still practiced today?
Koje se lokalne tradicije i danas praktikuju?

Are there any famous historical figures associated with this area?

Postoje li neke poznate istorijske ličnosti povezane s ovim područjem?

What kind of art and music is popular here?
Koja je vrsta umjetnosti i muzike ovdje popularna?

Can you recommend any historical walks or tours?
Možete li preporučiti neke povijesne šetnje ili obilaske?

What's the significance of this statue or monument?
Kakav je značaj ove statue ili spomenika?

Are there any historical reenactments or festivals that happen here?
Da li se ovdje održavaju historijske rekonstrukcije ili festivali?

How has this area influenced the country's culture.
Kako je ovo područje uticalo na kulturu zemlje.

Rich cultural heritage.
Bogato kulturno naslijeđe.

Stunning architecture.
Vrhunska arhitektura.

Beautifully preserved historical sites.
lijepo očuvanih povijesnih lokaliteta.

Significant historical events.
Značajni istorijski događaji.

Fascinating artifacts and exhibits.
fascinantnih artefakata i eksponata. Proslavljeno

Celebrated artistic traditions.
umjetničkih tradicija.

Vibrant cultural scene.
Živa kulturna scena.

Diverse cultural influences.
Razni kulturni uticaji.

Well-preserved ancient ruins.
Dobro očuvane antičke ruševine.

Historic landmarks and monuments.
Historijska mjesta i spomenici.

Unique local customs and traditions.
Jedinstveni lokalni običaji i tradicija.

Intriguing local legends and folklore.
Intrigantne lokalne legende i folklor.

Magnificent castles and palaces.
veličanstvenih dvoraca i palača.

Impressive feats of engineering.
Impresivna tehnička snaga.

Beautifully crafted sculptures and statues.
Predivno izrađenih skulptura i statua.

Intricate tapestries and textiles.
Tapiserije i složeni tekstil.

Expertly crafted musical instruments.
stručno izrađenih muzičkih instrumenata.

World-renowned art collections.
svjetski poznatih umjetničkih kolekcija.

Distinctive architectural styles.
prepoznatljivih arhitektonskih stilova.

Celebrated literary figures and works.
Poznati likovi i književna djela.

History.
Istorija.

Culture.
Kultivacija.

Heritage.
Nasljeđe.

Landmarks.
Znamenitosti.

Monuments.
znamenitosti.

Traditions.
tradicija.

Art.
čl.

Music.
Muzika.

Literature.
Literatura.

Folklore.
Folklor.

Museums.
Muzeji.

Exhibits.
Izložbe.

Sculptures.
Carvings.

Statues.
statueta.

Architecture.
Arhitektura.

Castles.
Castles.

Palaces.
Palace.

Ruins.
Ruševine.

Legends.
Legends.

Festivals.
Parti.

Home Life

Good morning, love.
Dobro jutro ljubavi.

I made your favorite.
Napravio sam tvoj favorit.

How was your day?
Kakav je bio tvoj dan?

Can I help?
Mogu li pomoći?

Time for dinner!.
Vrijeme za večeru!.

Thank you, dear.
Hvala ti draga.

Let's go grocery shopping.
Idemo u kupovinu.

Take care, be safe.
Čuvajte se, budite oprezni.

Need a hug?
Trebate li zagrljaj?

I'm here for you.
Tu sam za tebe.

You look great today.
Danas izgledaš sjajno.

Don't forget your keys.
Ne zaboravite svoje ključeve.

I'll do the dishes.
Idem da operem sudove.

Let's watch a movie.

Hajde da pogledamo film.

What's for dessert?
Šta je za desert?

Missed you all day.
Nedostajao si mi cijeli dan.

Coffee's ready, darling.
Kafa je gotova, draga moja.

Can I borrow that?
Mogu li ovo posuditi?

Did you feed the cat?
Jeste li nahranili mačku?

Don't worry, I'll clean.
Ne brini, ja ću počistiti.

I'll walk the dog.
Idem da prošetam psa.

Are you feeling okay?
Da li se osjećate dobro?

Let's plan a trip.
Planirajmo putovanje.

Text me when there.
Pošaljite mi poruku kada ste u blizini.

Want some company?
Želite društvo?

I love you, always.
I dalje te volim.

Do you need anything?
Treba li vam nešto?

You're my happy place.
Ti si moje sretno mjesto.

You're an amazing cook.
Vi ste nevjerovatan kuhar.

Let's take a break.
Hajde da napravimo pauzu.

I'll run the bath.
Ja ću se kupati.

Game night, anyone?
Veče utakmice, bilo ko?

Can I fix that?
Mogu li riješiti ovaj problem?

You make me smile.
Nasmeješ me.

Let's go for a walk.
Idemo u šetnju.

I'm proud of you.
Ponosan sam na tebe.

You're my rock.
Ti si moja stijena.

Can't wait to relax.
Jedva čekam da se opustim.

You deserve the best.
Zaslužujete najbolje.

Let's order takeout.
Narudžba za ponijeti.

You're my sunshine.
Ti si moje sunce.

Did you sleep well?
Jeste li dobro spavali?

I'll clean the bathroom.
Ja ću očistiti kupatilo.

You're my best friend.
Ti si moj najbolji prijatelj.

Let's have a picnic.
Idemo na piknik.

Are you feeling better?
Da li se osjećate bolje?

You're so talented.
Tako ste talentovani.

Did you lock up?
Zaključali ste?

Want to dance together?
Želite da plešete zajedno?

Home is wherever you are.
Dom je gdje god da ste.

Time to do laundry.
Vrijeme je za pranje rublja.

Clean the dishes, please.
Očistite sudove, molim.

Vacuum the living room.
Usisajte dnevnu sobu.

Mow the lawn today.
Danas pokosite travnjak.

Take out the trash.
Iznesite smeće.

Organize the pantry.
Organizirajte ostavu.

Fix that leaky faucet.
Popravite slavinu koja curi.

Dust the bookshelves.
Očistite prašinu sa polica.

Water the plants, please.
Zalijte biljke, molim.

Change the lightbulb.

Zamijenite sijalicu.

Sweep the kitchen floor.
Očistite pod u kuhinji.

Paint the bedroom walls.
Obojite zidove spavaće sobe.

Fold the laundry, please.
Presavijte veš, molim.

Set the table, dear.
Postavi sto, draga.

Walk the dog now.
Prošetajte psa sada.

Trim the bushes outside.
Izrežite žbunje izvana.

Wipe the countertops.
Obrišite brojače.

Clean the windows today.
Očistite prozore danas.

Sort the recycling bins.
Sortirajte kante za reciklažu.

Put away the groceries.
Odložite namirnice.

Hang the picture frames.
Okačite okvire za fotografije.

Repair the broken chair.
Popravite slomljenu stolicu.

Iron your clothes, dear.
Ispeglaj svoju odjeću, draga moja.

Mop the bathroom floor.
Očistite pod u kupatilu.

Shovel the driveway.
Lopatom pretresite prilaz.

Weed the garden beds.
Zaplijevite gredice.

Polish the silverware, please.
Ispolirajte srebrninu, molim.

Clean the bathroom tiles.
Očistite kupaonske pločice.

Tidy up the living room.
Uredite dnevnu sobu.

Unpack the moving boxes.
Raspakujte kutije za selidbu.

Change the bedsheets.
Promijenite listove.

Stock up the fridge.
Napunite frižider.

Wash the car today.
Operite auto danas.

Clear the clutter, please.
Očistite nered, molim.

Sweep the front porch.
Pomesti trijem.

Put away the toys.
Odložite igračke.

Clean the oven, please.
Očistite pećnicu, molim.

Wash the windows today.
Danas operite prozore.

Fix the squeaky door.
Popravite vrata koja škripe.

Dust off the shelves.
Očistite prašinu sa polica.

Take care of the plants.
Vodite računa o biljkama.

Wipe the mirrors, please.
Obrišite ogledala, molim.

Empty the dishwasher.
Ispraznite mašinu za pranje sudova.

Reorganize the closet.
Reorganizirajte ormar.

Tend to the backyard.
Ispružite se u dvorište.

Clean the stove, please.
Očistite peć, molim.

Tackle the garage mess.
Riješite se s neredom u garaži.

Tidy up the entryway.
Spremite ulaz.

Repair the loose tile.
Popravite labavu pločicu.

Sort the mail, please.
Razvrstajte poštu, molim.

Driving

Put on your seatbelt, please.
Vežite pojas, molim.

Turn on the signal.
Aktivirajte signal.

Slow down, speed limit.
Uspori, ograničenje brzine.

Merge into traffic.
Spajanje sa prometom.

Watch for pedestrians.
Pazite na pješake.

Check blind spots.
Provjerite mrtve uglove.

Use your headlights.
Koristite farove.

Follow that car.
Pratite ovaj automobil.

Stop at the sign.
Zaustavite se kod znaka.

Take the next exit.
Idite na sljedeći izlaz.

Switch lanes safely.
Sigurno promijenite traku.

Keep a safe distance.
Držite sigurnu udaljenost.

Park in that spot.
Parkiraj ovdje.

Stay in your lane.

Ostanite u svojoj traci.

Yield to other drivers.
Prepustite se drugim vozačima.

Adjust the mirrors.
Podesite retrovizore.

Avoid road construction.
Izbjegavajte izgradnju puteva.

Use the carpool lane.
Koristite traku za parkiranje.

Signal before turning.
Signal prije skretanja.

Navigate the roundabout.
Krećite se kružnim tokom.

Observe the speed limit.
Pridržavajte se ograničenja brzine.

Watch for wildlife.
Pazite na divlje životinje.

Make a U-turn here.
Okrenite se ovdje.

Check the tire pressure.
Proverite pritisak u gumama.

Exit the highway now.
Odmah izađite s autoputa.

Pay the toll fee.
Platite putarinu.

Turn off the engine.
Zaustavite motor.

Switch on high beams.
Uključite duga svetla.

Wait for green light.
Pričekajte zeleno svjetlo.

Park in the garage.
Parkirajte u garaži.

Watch out for cyclists.
Pazite na bicikliste.

Signal when changing lanes.
Signal prilikom promjene trake.

Adjust the seatbelt.
Podesite sigurnosni pojas.

Use the parking brake.
Koristite parkirnu kočnicu.

Observe right of way.
Poštujte pravo prolaza.

Check the fuel gauge.
Provjerite mjerač goriva.

Take the scenic route.
Krenite slikovitom rutom.

Use caution in rain.
Budite oprezni na kiši.

Engage cruise control.
Aktivirajte tempomat.

Check rearview mirror.
Provjerite retrovizor.

Stay in designated lanes.
Ostanite u određenim trakama.

Don't drink and drive.
Nemojte piti i voziti.

Navigate the detour.
Idite zaobilaznim putem.

Avoid distracted driving.
Izbjegavajte ometanu vožnju.

Observe school zone.
Posmatrajte školsku zonu.

Turn on hazard lights.
Uključite svetla upozorenja.

Avoid sudden braking.
Izbjegavajte naglo kočenje.

Obey traffic signals.
Pridržavajte se semafora.

Switch on wipers.
Aktivirajte brisače.

Plan the route ahead.
Planirajte rutu unaprijed.

Clothing

Wear a cozy sweater.
Nosite udoban džemper.

Tie your shoelaces tight.
Čvrsto zavežite pertle.

Put on a hat.
Stavite šešir.

Try a new outfit.
Isprobajte novu odjeću.

Fold the laundry neatly.
Pažljivo presavijte veš.

Match your accessories.
Uskladite svoj pribor.

Iron your shirt.
Ispeglajte košulju.

Choose comfortable shoes.
Odaberite udobne cipele.

Accessorize with a scarf.
Dodati šalom.

Zip up your jacket.
Zatvorite patentni zatvarač na jakni.

Lace up your boots.
Vežite svoje čizme.

Button your coat.
Zakopčajte kaput.

Wash your dirty socks.
Operite prljave čarape.

Hang up your clothes.

Objesite svoju odjeću.

Fold your pants.
Presavijte pantalone.

Fold your T-shirts.
Presavijte svoje majice.

Tuck in your shirt.
Zavuci košulju.

Polish your shoes.
Očistite cipele.

Wear sunscreen outside.
Napolju nosite kremu za sunčanje.

Brush off lint.
Očistite dlačice.

Dress for the weather.
Obucite se po vremenu.

Wear matching socks.
Nosite odgovarajuće čarape.

Adjust your belt.
Podesite pojas.

Put on clean socks.
Obujte čiste čarape.

Roll up your sleeves.
Zasučite rukave.

Hang your clothes up.
Objesite svoju odjeću.

Hang your coat up.
Objesite kaput.

Fasten your seatbelt.
Vežite svoj sigurnosni pojas.

Choose a stylish hat.
Odaberite moderan šešir.

Unzip your hoodie.
Otkopčajte svoju duksericu.

Try on a new dress.
Isprobajte novu haljinu.

Wear mismatched socks.
Nosite neusklađene čarape.

Tie a ponytail.
Vežite konjski rep.

Lace up your sneakers.
Vežite svoje patike.

Zip up your boots.
Zakopčajte čizme.

Put on a warm jacket.
Obucite toplu jaknu.

Untie your shoelaces.
Odvežite pertle.

Unclasp your bracelet.
Otkopčajte narukvicu.

Wear a colorful scarf.
Nosite šareni šal.

Button your cardigan.
Zakopčajte kardigan.

Choose a trendy purse.
Odaberite trendi torbicu.

Slip on comfortable slippers.
Obucite udobne papuče.